CILL CHAIS

Seán Ua Cearnaigh

Bob Ó Cathail
a rinne na léaráidí

 AN GÚM

Baile Átha Cliath

Caibidil 1

ÍDE BÉIL ÓN MÁISTIR

AN Aoine! Lá breá brothallach. An ghrian ag spalpadh sa spéir. Lá nár chóir d'éinne beo – agus go háirithe do bhuachaill óg aigeanta – a bheith cúbtha istigh i seomra tur scoile. Nó b'in a shíl Éamonn Ó Mcára.

Bhí an Máistir Ó Conaill ag bleadracht leis gan sos gan staonadh faoi sheanrud leamh leadránach a thit amach fadó. Ní raibh aird Éamoinn air. Ag smaoineamh ar chúrsaí eile ar fad a bhí sé. An lá deireanach de Bhealtaine a bhí ann ... an chéad Domhnach eile bheadh Tiobraid Árann ag imirt in éadan Chontae Luimnigh i gcluiche leathcheannais iomána na Mumhan. An dtiocfadh leo an ceann is fearr a fháil ar na Luimnígh? An n-imreodh Eoin Ó Ceallaigh, laoch óg na dúiche, sárchluiche? Ach d'imreodh! Bheadh sceitimíní ar phobal uile Shliabh na mBan ansin.

Go tobann labhair an Máistir Ó Conaill go borb leis: 'A Éamoinn Uí Mheára, a leisceoir, an bhfuil tú ag tabhairt aird ar bith orm? Nár chuala tú mé ag glaoch ort?'

'Cad é sin, a dhuine uasail?'

'Cad é sin! Go dtuga Dia foighne dom! Is léir nach bhfuil do chroí sa cheacht seo. Éist liom, a dhailtín!'

Lean sé leis:

Cad a dhéanfaimid feasta gan adhmad;
Tá deireadh na gcoillte ar lár;
Níl trácht ar Chill Chais ná a teaghlach
Is ní chluinfear a cling go brách.
An áit úd 'na gcónaíodh an dea-bhean,
'Fuair gradam is meidhir thar mhná,
Bhíodh iarlaí ag tarraingt thar toinn ann,
Is an tAifreann binn dá rá.

'Anois a mhic ó, táim díreach tar éis an dán sin nó cuid de a aithris agus an scéal a ghabhann leis a insint don rang. Tú féin anois, inis an scéal dúinn.'

Ach ar ór ná ar airgead ní thiocfadh le hÉamonn an scéal a insint. Níorbh eol dó ábhar an scéil, fiú. Dhearc an Máistir go crosta air:

'Ceist bheag nó dhó, mar sin. Ar chuala tú riamh faoi Chill Chais?'

'Chuala, a Mháistir. Níl sé ach cúpla míle ón áit seo. Ar thaobh Shliabh na mBan. Ní rabhas riamh ann. Tá a fhios agam go bhfuil seanfhothrach éigin ann.'

'Seanfhothrach éigin!' Bhí faobhar ar ghuth an Mháistir:

'Agus gan aon rud suntasach ag baint leis, is dócha!'

'Níl a fhios agam.'

'Níl a fhios agat! An bhfuil bród ar bith ort as do cheantar féin? Is dócha nár chuala tú iomrá ach oiread ar an mBantiarna Uíbh Eachach, Máiréad de Búrca, Lady Iveagh, ná ar an gcaoi ar tháinig sí i gcabhair ar na daoine bochta agus na sagairt tráth a bhíodar faoi chois fadó? Tá an scéal ar fad instc agam do na daltaí cilc. Is tusa an t-aon ainbhiosán inár measc.' D'fhéach Éamonn thart. Bhí na buachaillí agus na cailíní uile sna trithí gáire. Iad ag baint spraoi as an dúramán bocht a lig dó féin a bheith ag aislingeacht! A dheartháir Caoimhín ina measc.

Labhair an Máistir arís:

'Anois, a bhuachaill, cén fáth nach rabhais ag

éisteacht liom?'

'Bhíos ag smaoineamh …'

'Ag smaoineamh, ar m'anam! Ná hinis dom! Tú ag dúil leis an deireadh seachtaine fada, is dócha, nuair a bheifeá ag bualadh báire ó mhaidin go hoíche.' Gháir sé go searbhasach.

'Bhuel anois, a mhic ó, beidh na buachaillí eile ag bualadh báire Dé Luain seo chugainn, an lá saoire tá a fhios agat. Ach ní bheidh tusa leo. Cén fáth? Toisc go mbeidh tú thuas ar shleasa Shliabh na mBan ag breathnú ar a bhfuil fágtha de sheanchaisleán Chill Chais agus ag tógáil cinn dá bhfuil ann. Ansin fillfidh tú abhaile agus cuirfidh tú forrán ar do Dhaideo. Is seanchaí iontach é – seans maith nach mbeadh sé sin ar eolas ag gligín nach bhfuil faic ina cheann ach camáin agus sliotair! Cuirfidh tú ceist ar do Dhaideo agus inseoidh sé scéal Chill Chais duit, díreach mar a rinne mise nuair a bhí taibhreamh na súl oscailte ar siúl agat féin. An Mháirt seo chugainn bíodh cuntas breá fada agat dom faoi do chuairt ar Chill Chais. Sea, agus bíodh scéal an tí agus scéal Lady Iveagh agat freisin.'

Cúpla uair an chloig ina dhiaidh sin tugadh cead a gcinn do na páistí. Rith Éamonn abhaile faoi dheifir. Bhí na buachaillí eile ag iarraidh ceap magaidh a dhéanamh de. Colm Ó Dónaill, Tomás Ó Duinn agus go leor eile. Gan trácht ar Chaoimhín, a leathchúpla féin!

Rún dá laghad ní raibh aige cuairt a thabhairt ar Chill Chais. A leithéid de sheafóid in aimsir álainn seo an tsamhraidh! Dhéanfadh sé dearmad glan ar ordú an Mháistir.

Ach má bhí sé chun dearmad a dhéanamh ar an scéal ní ligfeadh an diabhal sin Caoimhín an rud i léig. Níor thúisce sa bhaile é ná d'inis sé an scéal ar fad do Mham. Bhí Mam ar buile. Labhair sí go borb le hÉamonn:

'Anois, a scraiste, an bhfuil dada le rá agat?'

Chrom Éamonn a cheann. Labhair a mháthair arís:

'Caol díreach tar éis an dinnéir an Luan seo chugainn, a bhoicín ó, rachaidh tú go Cill Chais, go ndéanfaidh tú rud ar an Máistir.'

'Ach tá Cill Chais píosa fada go leor uainn, a Mham, í thuas ar thaobh an tsléibhe. Agus beidh na buachaillí eile ag bualadh báire.'

'Ach ní bheidh tusa leo! Bhuel, sin sin. Agus bí ag éisteacht go géar cúramach le do Dhaideo nuair a fhillfidh tú abhaile tráthnóna Dé Luain. Nó ní theastaíonn uaim go mbeifeá ag tógáil iaróige leis an Máistir arís!'

Bhí Éamonn bocht faoi ghruaim. Bheadh an lá breá saoire millte air. Ach ní raibh an dara suí sa bhuaile aige.

Caibidil 2

CILL CHAIS NA CINNIÚNA

BHÍ an ghrian go hard sa spéir agus Éamonn ag strácáil leis suas sleasa Shliabh na mBan. A leithéid de lá aoibhinn le bheith ag útamáil thart faoi sheanfhothrach. An raibh croí ar bith ag an Máistir Ó Conaill? Bhuel, ar a laghad, níor iarr sé air an turas a dhéanamh an lá roimhe sin, nó bhí a fhios aige, b'fhéidir, go mbrisfeadh sé sin croí an ghasúir. Tiobraid Árann agus Luimneach i ngleic lena chéile! An cluiche iomlán ar an teilifís! Agus i ndeireadh na dála bhí bua iontach ag Tiobraid Árann agus sea, d'imir Eoin Ó Ceallaigh sárchluiche. Nár ghnóthaigh sé dhá chúilín déag!

Bhain sé sráidbhaile Chill Chais amach. Chuir sé ceist ar fhear meánaosta faoi shuíomh an tseanfhothraigh. D'fhéach an fear go fiosrach air:

'Ní duine de mhuintir na háite seo thú?'

'Táim i ndiaidh cúpla míle crua a chur díom.'

'Cúpla míle! Nach cóir go mbeadh a fhios agat cá bhfuil Caisleán Chill Chais mar sin! Nó an múineann siad dada daoibh sa scoil! Féach ar an bhfothrach sin thall ó dheas. Sin a bhfuil fágtha de sheanchaisleán Chill Chais.'

Ghabh Éamonn buíochas leis agus d'imigh sé i dtreo an fhothraigh. Bhain sé ceann scríbe amach. Dhearc sé ar an seanteach agus a sháith díomá air. Ballaí arda briste, b'in agus b'in amháin a raibh le feiceáil. Seans gur spéisiúla go mór a raibh le feiceáil taobh istigh de na ballaí. Ach fan! Bhí fógra ar thaobh balla amháin:

CONTÚIRT – FAN AMACH!

D'fhan Éamonn mar a raibh sé. Ní raibh faic suntasach ag baint leis an bhfothrach, dar leis. Bhí aiféala air nár iarr sé ar a Dhaideo scéal Chill Chais a insint dó aréir. B'fhéidir nach mbeadh fonn scéalaíochta ar an seanfhear anocht.

Bhí teas millteanach ón ngrian. Mhothaigh Éamonn é féin ag éirí traochta. Bhuel, ní raibh aon deifir abhaile air. Cén fáth nach ligfeadh sé a scíth ar an bplásóg sin taobh thiar den fhothrach. Anonn leis.

Luigh sé síos ar an bhféar bog. A leithéid de chompord! Lean sé leis ag stánadh ar an seanfhothrach. Seanfhothrach! Níorbh ea, níorbh ea go deimhin! Nó cén mearbhall a tháinig air an chéad lá agus a cheapadh gur bhallaí briste brúite a bhí ann mar theach. Bhí an phlásóg ar a raibh sé ina luí díreach mar a chonaic sé í cúpla nóiméad ó shin. Ach an t-áras! Caisleán álainn a bhí ann. Doras taibhseach ag gabháil isteach ann, fuinneoga faiseanta órga agus cuirtíní galánta orthu. Nárbh aisteach go ndúirt gach éinne go raibh teach Chill Chais ina fhothrach folamh. Nó b'fhéidir go raibh! Ar chaisleán draíochta é? Dúirt a Dhaideo le hÉamonn go minic gur chnoc draíochta, cnoc na sióg i ndáiríre, é Sliabh na mBan riamh. Nach mbíodh na sióga ag bualadh báire ar shleasa an tsléibhe fadó – b'fhéidir go rabhadar i mbun na hoibre sin i gcónaí. Níor chreid Éamonn sna sióga – nár bhuachaill mór é a raibh trí bliana déag caite ar an saol aige! Ach fós féin bhí sé critheaglach. Agus bhí cathú cráite air anois go ndeachaigh sé ann inniu.

Taobh leis chuala sé crónán íseal. D'éist sé go géar. Duine éigin ag gabháil amhráin. Dhearc sé mórthimpeall. Chonaic sé geata. Geata a bhí ag

17

gabháil isteach i ngairdín, ba chosúil. Chonaic sé crainn arda agus úlla orthu taobh istigh den gheata. Láimh leis an ngeata bhí fear ina sheasamh. Bhí balcaisí oibre air. An garraíodóir, de réir dealraimh. Níor thóg sé aon cheann d'Éamonn, óir bhí sé sáite san amhrán a bhí á chasadh aige. D'éist Éamonn arís lena ghlór binn. D'aithin sé an t-amhrán, óir bhíodh sé á chasadh acu ar scoil:

An dtiocfaidh tú nó an bhfanfaidh tú
'Eibhlín, a rún?
An dtiocfaidh tú nó an bhfanfaidh tú,
'Eibhlín, a rún?
Tiocfaidh mé is ní fhanfaidh mé, tiocfaidh mé is
ní fhanfaidh mé,
Tiocfaidh mé is ní fhanfaidh mé is éalóidh mé le
mo stór.

Bhí Éamonn faoi dhraíocht ag an amhrán agus an té a bhí á chanadh. D'éirigh sé go leathfhaiteach agus dhruid sé i dtreo an amhránaí. Labhair sé:
'Cé thú féin, a dhuine uasail?'
'Bhíos díreach chun an cheist chéanna a chur ortsa.'
'Éamonn Ó Meára is ainm dom. Mac le Seán Ó

Meára ó Dhoire an Iarla.'

'Ó Meára – Doire an Iarla? Ní heol dom go bhfuil aon teaghlach de chlann Uí Mheára sa dúiche seo.'

'Níl aon aithne agam ortsa más ea. Ach shíl mé nach raibh éinne sa cheantar nach raibh ar aithne agam. Cuirfidh mé ceist ar an mBantiarna.'

'An Bhantiarna?'

'Lady Iveagh.'

'Ach cé hí Lady Iveagh?'

'An ag magadh fúm atá tú? Nach bhfuil aithne ag pobal mór na nGael ar an mBantiarna, bail ó Dhia uirthi. Agus eagla roimpi ar na bodaigh bhradacha ghallda, deirim leat. An eachtrannach thú? Ach ní hea – tá Gaeilge bhreá agat. Ní thuigim thú, a dhuine. Ach fan – feicim an bhean uasal í féin ag teacht inár dtreo. Ní foláir nó teastaíonn uaithi labhairt liom. Slán leat go fóill, a bhuachaill.'

D'imigh sé. Chas Éamonn mórthimpeall go bhfaca sé an bhean uasal mhaorga.

Caibidil 3

An Bhantiarna Uíbh Eachach

BEAN den mheánairde a bhí inti. Í amach is isteach le leathchéad bliain d'aois. Í gléasta go galánta i ngúna gorm sróil, bróga faiseanta á gcaitheamh aici, hata íseal ar a ceann. Cinnte gur bhean an-sciamhach a bhí inti tráth dá saol; go deimhin bhí sí dóighiúil go leor fós.

Chuaigh sí chun cainte leis an ngarraíodóir. Chaitheadar cúpla nóiméad ag plé chúrsaí an gharraí. D'iompaigh an bhean uasal thart ansin, gur chuir sí forrán ar Éamonn:

'Dia dhuit, a bhuachaill óig. Cé thú féin?'

'Éamonn Ó Meára, a bhean uasal.'

'Ó Meára … ní dóigh liom … An de mhuintir an cheantair seo thú, a stór?'

'Sea.'

'Aisteach go leor! Shíl mé nach raibh éinne den sloinne Uí Mheára sa cheantar seo. Ach fan! Is tú an buachaill a sheol Seán Maighdiúla, cara m'fhir chéile, anonn chugainn ó Bhaile Uí Dhoinn.'

Ní dúirt Éamonn dada. Bhí sé trí chéile. Ní raibh Baile Uí Dhoinn ach roinnt bheag mílte siar an bóthar i dtreo Charraig na Siúire. Ach ní raibh aithne aige ar éinne den sloinne Maighdiúla.

Labhair an bhean arís: 'Sea, thuig Seán Maighdiúla go raibh buachaill beoga bríomhar de dhíth orainn anseo agus sheol sé tusa chugainn. Tá cuma bhreá chróga ort, a mhic. Taitníonn tú liom. Is léir gur buachaill thú nach ngéilleann don eagla. Agus tá eachtra chontúirteach romhat.'

'Eachtra chontúirteach?'

'Sea, ach caithfidh tú a bheith ar an airdeall nó marófar thú. Ach beidh Seán Ó Laighin leat agus beidh sibh ag cuidiú le chéile.'

'Ach níl aithne agamsa air. Cad atá – ?'

'Scéal fada é. Ach míneoidh an tEaspag duit é.'

'An tEaspag?'

'Col ceathrair m'fhir chéile. Ach féach – is léir go bhfuil mearbhall ort. Tá a fhios agat cé mise, ar ndóigh.'

'Is tusa Lady Iveagh.'

'Is mé, an Bhantiarna Uíbh Eachach. Ní déarfainn anois ach go bhfuil iomrá orm ar fud na dúiche seo, bíodh nach anseo a rugadh mé. Is é Tomás de Buitléir m' fhear céile, mar is eol duit. Mo chéad fhear céile, an Bíocunta Uíbh Eachach ó Chontae an Dúin, throid sé leis na Seacaibítigh aimsir Chogadh an Dá Rí. Fuair sé bás in Arm na hOstaire tarraingt ar thríocha bliain ó shin. Agus bhí mo dheirfiúr pósta ar Phádraig Sáirséal. Ní foláir nó chuala tú faoin Sáirséalach.'

'Chuala. Bhí an Máistir ag insint …'

'An fear bocht. Laoch den scoth! Maraíodh sa Bheilg é glúin ó shin.'

Glúin ó shin! Bhí Éamonn trí chéile. Nach ndúirt an Máistir gur maraíodh an Sáirséalach i Landen sa bhliain 1693. Lean an Bhantiarna ar a scéal:

'Tá drochbhail ar Éirinn anois. Na Gaill in uachtar. Na daoine go mór faoi chois. Cosc ar an gcreideamh Caitliceach! Na sagairt ar a gcoimeád! Gadhair ghaoithe na nGall ar a dtóir de ló is d'oíche. Ach ní bhfaighidh siad an ceann is fearr ormsa. Tá eagla orthu romhamsa agus roimh Bhuitléirigh Chill Chais. Tréan teann is atá siad, níl siad chomh cumhachtach liomsa. Ní bhacann Bagwell – ná Gaill Chluain Meala – liomsa. Is é sin, mura spreagann Maude, Langley agus na cúnna fola gránna eile as uachtar an chontae iad chun gnímh. Deirtear liom go bhfuil Maude agus Langley i gCluain Meala faoi láthair agus drochfhuadar fúthu. Sin é an fáth a bhfuil gá le buachaill óg aigeanta mar thusa chun mo mhisean a chur i gcrích.'

'Ach níor inis tú dada dom faoin misean seo, a Bhantiarna. Go deimhin, ní go rómhaith a thuigim cad atá i gceist agat.'

'Tá a fhios agam, a bhuachaill, agus gabhaim do phardún. Ba bhreá liom an scéal ar fad a mhíniú duit. Ach tá deifir orm anois. Táim ag dúil le teacht an Easpaig anocht agus tá an teach trí chéile. Ach míneoidh an tEaspag an scéal ar fad duit.'

'An tEaspag?'

'Sea – Críostóir de Buitléir, Easpag Chaisil! Níl aon áit chónaithe aige ach é de shíor ag dul ó theach go teach, faoi bhréagriocht go minic. Bíonn sé linn anseo i gCill Chais ó am go chéile. Ach toisc go bhfuil eagla ar na Gaill romhamsa ní chuireann siad isteach air le linn dó a bheith anseo. Ach fan, nach doicheallach an duine mé! Níor thairg mé dada le hithe duit. Agus tú stiúgtha leis an ocras, déarfainn. Tar liom, a mhic.'

Lean Éamonn í agus é faoi iontas i gcónaí. Isteach tríd an gcúldoras leo. Bhaineadar cistin theolaí amach. Bhí cailín óg, cúig nó sé bliana déag d'aois, istigh inti, í ag fuineadh taois ina chístí aráin. Labhair an Bhantiarna léi:

'A Cháit, a chroí, an réiteofá greim bia don leaid óg seo? Tá sé tar éis aistear sách fada a chur de agus tá an-ocras air.'

D'imigh sí léi. Chuaigh Cáit i mbun gnó. Níorbh fhada go raibh béile breá blasta leagtha ar an mbord os comhair Éamoinn. Giota de mhuc rósta, arán cruithneachta, bláthach, piorraí milse!

Chuir Cáit comhrá ar Éamonn. Ba chórach cairdiúil an cailín í. B'as Cill Síoláin cois Siúire í, dúirt sí, agus b'iníon í le Pádraig Ó Sioradáin. Bhí Éamonn trí chéile níos mó ná riamh. Bhí Cill Síoláin láimh lena áit dhúchais féin agus bhí sé cinnte go raibh aithne aige ar gach uile dhuine thart faoin sráidbhaile céanna. Ach eolas dá laghad, gan trácht ar aithne, ní raibh aige ar aon Sioradánach. Go deimhin, bhí sé lánchinnte nach raibh éinne den sloinne sin ar an sráidbhaile, nó thart faoi fiú.

Caibidil 4

AN tEASPAG

TAR ÉIS an bhéile lig Éamonn a scíth ar feadh tamaillín. Amach leis ansin gur bhuail sé leis an ngarraíodóir. Chaith sé cúpla uair an chloig ag cuidiú le hEoghan, nó b'in ab ainm don gharraíodóir. Bhíodar ag obair i measc na mbláthanna agus níorbh fhada go raibh Éamonn tinn tuirseach de bheith ag stoitheadh na bhfiailí. Ach fuair sé faoiseamh sa deireadh nuair a ghabh Cáit amach chucu agus tráidire léi ar a raibh bia agus deoch. Labhair sí: 'Anois, a fheara, tógaigí go bog é. Nach bhfuil bhur ndóthain oibre déanta agaibh don lá seo! Ar aon nós, a Éamoinn, teastaíonn ón máistreás labhairt leatsa chomh luath géar is a bheidh an béile beag seo caite agat. Sa chistin a bheidh sí.' D'ith Éamonn a bhéile faoi dheifir go ndeachaigh sé isteach sa chistin. Bhí an Bhantiarna ann roimhe. Labhair sí:

'Tar liom, a bhuachaill – Éamonn, nach ea?'

Ar aghaidh leo gur bhaineadar seomra suite galánta amach. Ina shuí ar chathaoir chompordach cois tine bhí fear maorga meánaosta in éide easpaig. Labhair an Bhantiarna: 'Seo é an buachaill, a Chríostóir. Ach fan! Nach drochbhéasach atáim – seo é Éamonn Ó Meára, ár gcuiditheoir nua. A Éamoinn, a chroí, seo é an tEaspag de Buitléir.' Chroith an tEaspag lámh le hÉamonn. Amach leis an mBantiarna ansin. Labhair an tEaspag:

'Ar inis Máiréad – an Bhantiarna – aon rud duit faoinár misean?'

'Beagáinín, a Thiarna Easpaig, ach ar éigean a thuigeas í.'

'Gan amhras! Ní bean mhór scéil í Máiréad. Bean ghnímh, má deirim féin é. Bhuel, a Éamoinn, is mar seo atá. Táimidne cléir agus easpaig na hÉireann cráite ag na péindlíthe mínádúrtha atá i réim in éadan na gCaitliceach. Ní hamháin go bhfuil gadhair ghaoithe na Corónach ar ár dtóir de shíor agus fealltóirí Éireannacha ag cuidiú leo go minic ach tá sé ag éirí deacair dúinn fir óga a mhealladh le bheith ina sagairt. Níl aon chliarscoil againn in Éirinn. Mar sin ní foláir do gach ábhar sagairt triall ar Mhór-Roinn na hEorpa – Lováin, Páras, Salamanca, an Róimh. Cosnaíonn sé cuid mhaith mhór fir óga a oiliúint ina sagairt. Ach fiú agus an t-airgead againn bíonn sé thar a bheith deacair na hábhair sagairt óga a sheoladh chun na Mór-Roinne gan fhios do na Gaill.

'Tá obair iontach ar bun ag Máiréad, an Bhantiarna Uíbh Eachach, agus ag Tomás, a fear céile. Tá neart airgid agus maoine acu beirt, mar is eol duit, ach tá cuid mhaith de caite acu ar obair na hEaglaise. As a maoin phearsanta féin tá an Bhantiarna Uíbh Eachach tar éis fir óga a chur thar lear leis na blianta le bheith ina sagairt.

'Anois tá fear óg éirimiúil as an gceantar seo ar mhaith leis a bheith ina shagart. Níl pingin rua ag a mhuintir. Tá Gaeilge, Laidin, Béarla agus smeadráil Fraincise ag an bhfear seo. Seán Ó Laighin is ainm dó. Chuala tú faoi, b'fhéidir.'

'Chuala, sea. Bhí an Bhantiarna ag caint liom ina thaobh. Ach níl aithne agam air.'

'Is cuma. Buailfidh tú leis níos deireanaí anocht. Anois tá mála óir ag an mBantiarna le tabhairt dó. Íocfaidh sé sin as na táillí i gColáiste Lováin. Ach ar dtús chaithfeadh sé Lováin, cathair ársa sa Bheilg, tá a fhios agat, a bhaint amach. Agus conas a dhéanfar é sin? Mar seo: tá fear i gCluain Meala, Pádraig Ó Duibhir is ainm dó. Tá coite nó bád beag iompair aige. Bíonn sé ag iompar earraí ar abhainn na Siúire. Earraí a chuireann na trádálaithe móra i gCluain Meala chun na siopaí beaga i gCarraig na Siúire. Beidh sé ar an abhainn istoíche amárach agus, ámharach go leor, ní bheidh mórán earraí leis. Buailfidh tú féin agus Seán Ó Laighin leis ag an droichead i gCill Síoláin agus béarfaidh sé go Carraig na Siúire sibh. Buailfidh sibh le Peadar de Paor, fear coite eile, i gCarraig na Siúire. Béarfaidh sé siúd go Port Láirge sibh. Beidh long bheag ag cur i gcuan i bPort Láirge trí oíche ó anocht. Long Fhrancach! *La Mer Grande* is ainm di. Donncha Ó Néill ón gceantar seo atá mar chaptaen uirthi. Agus cad a bhíonn ar bun ag Donncha ar an long seo? Bíonn sé ag mealladh fir óga chun dul isteach sna Briogáidí Éireannacha d'Arm na Fraince. Ach cabhraíonn sé linne freisin. Aon uair a bhíonn ábhar sagairt ag dul anonn chuig coláistí na Mór-Roinne is ar long an Néilligh a théann siad. Beidh Donncha ag dúil libh trí oíche ó anocht. An dtuigeann tú an scéal anois?'

'Tuigim, a Thiarna easpaig. Ach inis dom – cén fáth ar ghá dom a bheith in éineacht le Seán Ó Laighin go Port Láirge?'

'Míneoidh mé an scéal duit. Bíonn na Gaill in

amhras i gcónaí faoi bheirt. Má fheiceann siad bádóir ar an abhainn agus duine aonair in éineacht leis rithfeadh sé leo, b'fhéidir, gur ábhar sagairt atá á iompar aige. Ach má bhíonn buachaill óg in éineacht leo shílfidís gur ar mhaithe le hoíche iascaireachta atá siad ar an abhainn. Agus rud eile – nár iarr Tomás de Buitléir ar Sheán Maighdiúla buachaill le Béarla a chur chugainn. Tá Béarla agat, is dócha.'

'Tá, gan amhras. Ach cén gá atá leis mar Bhéarla?'

'Inseoidh Pádraig Ó Duibhir é sin duit ar ball.' Ag an bpointe sin tháinig an Bhantiarna isteach. Bhí fear óg in éineacht léi. Labhair sí:

'A Éamoinn, a mhic, is é seo Seán Ó Laighin.' Chroith Éamonn lámh leis an ábhar sagairt. Thaitin Seán go mór leis. Dhearbhaigh sé ansin go ndéanfadh sé a thréandícheall teacht i gcabhair air.

Labhair an Bhantiarna: 'A fheara, ní foláir dúinn a bheith an-airdeallach. Tá Langley na croiche agus an diabhal sin Maude i gCluain Meala, iad ag fanacht le George Bagwell. Tá drochfhuadar fúthu. Agus chuala mé go bhfuil Thomas, mac óg Maude, leo freisin. Agus cé nach bhfuil ann ach gasúr, is measa i bhfad é ná a athair. Is breá leis a bheith ag glacadh páirte i seilg agus i gcéasadh na sagart. Ach maidir leis na gadhair ghaoithe seo – táim cinnte nach mbacfaidís liomsa ná le Tomás ná leis an Easpag anseo, b'fhéidir, ó tharla gur Buitléirigh sinn. Ach ní chuirfinn tharstu dochar a dhéanamh d'Éamonn ná do Sheán ach faill a bheith acu.'

Ar an bpointe sin rith seirbhíseach isteach sa seomra. Bhéic sé: 'A Bhantiarna, a Thiarna easpaig, táthar chugainn, táthar chugainn!'

'Chugainn, a Mhuiris,' arsa an Bhantiarna – 'cé hiad féin?'

'Bagwell, Maude agus Langley agus daoscar gránna in éineacht leo. Bhíos ag siúl ar an bplásóg amuigh go bhfaca mé na soilse agus gur chuala mé tormán na gcos. Agus chuala mé duine éigin, Bagwell, is dóigh liom, ag scairteadh ar Maude – luaigh sé a ainm. Amach libh, amach libh go sciobtha! Amach libh nó beidh sibh i dteannta!'

Labhair an Bhantiarna: 'Táimse agus an tEaspag ceart go leor. Ach sibhse, a Sheáin agus a Éamoinn – amach an cúldoras libh!'

Rinne an bheirt rud uirthi. Bhain siad claí an gharraí amach. Léimeadar thairis. Ní rabhadar ach díreach in am. Chuala siad an gleo millteanach. Thug siad sracfhéachaint amach trí na sceacha a bhí ag fás ar bharr an chlaí. Trí sholas na gealaí chonaiceadar Maude agus a chuid maidríní lathaí ag réabadh chúldoras an tí.

Caibidil 5

SEALGAIRÍ SAGART

NÍ DHEARNA Éamonn ná Seán moill. Ritheadar leo an méid a bhí ina gcraiceann. Bhí coill fhairsing taobh thiar den chaisleán. Bhaineadar amach í faoi dhubhdheifir agus a fhios acu go mbeadh Maude agus a chúlaistíní ar a dtóir sula i bhfad. Labhair Seán: 'Féach, tá seaneolas agam ar an gcoill seo. Is minic a rinne mé spraoi anseo nuair a bhíos i mo bhuachaill óg. Mura bhfuil dul amú orm tá clais nó díog dhomhain áit éigin in aice linn. Ba chóir go mbeadh a fhios agam fúithi, óir thit mé isteach inti roinnt blianta ó shin. Ach féach, seo anseo í faoinár súile. Isteach linn.'

Clais chaol dhomhain a bhí inti. Bhíodar in ann gnáthshiúl a dhéanamh inti ach a gceann agus a nguaillí a chromadh beagáinín. Toisc go raibh an samhradh ann ní raibh puinn uisce sa chlais. Ach bhí na driseacha ag fás go flúirseach os a cionn, rud a d'oir go maith do na teifigh. Bhain siad pointe amach sa chlais a bhí clúdaithe go hiomlán le féar agus le driseacha. Labhair Seán: 'Go breá ar fad! Fanaimis go ciúin socair anseo agus ní baol go bhfeicfeadh fir Maude sinn.'

Chromadar síos sa chlais. Ní raibh gíog ná míog astu. Ba mhaith an rud é go rabhadar chomh ciúin sin. Níorbh fhada gur chualadar an gleo agus an clampar. Bhí sealgairí na Corónach sa choill, fuadar an diabhail fúthu. Cuid acu ar muin capaill, ba chosúil, óir chualadar torann na gcrúb. Ach ba léir go raibh bunús an daoscarshlua ag gabháil leo de shiúl na gcos. Ghabhadar gar go leor don chlais ina raibh an bheirt teifeach. Bhí croí Éamoinn ina bhéal, é ag guí Dé nach dtitfeadh capall nó fear isteach sa díog. Ní raibh go holc, áfach. Chualadar duine de na boic mhóra, Maude nó Langley, b'fhéidir, ag scairteadh: 'By Jove, men, they seem to have got away. But they cannot have reached the end of the wood. Tally ho, horsemen! – we'll hunt them down.'

Chualadar na capaill ag imeacht ar cosa in airde. Chualadar freisin na coisithe ag imeacht leo de sciuird. Ciúnas ansin. Bhí na Gaill bailithe leo.

Labhair Éamonn: 'Cad a dhéanfaimid anois? Ní fada go mbeidh siad ar ais.'

'Ní fada,' arsa Seán, 'agus ní háit róshábháilte í an chlais seo, tá a fhios agat. Ní heol do na Gaill go bhfuil sí ann, ach cá bhfios dúinn nach dtitfidís isteach inti ar a mbealach ar ais. Fan go bhfeice mé. Ó sea, sea go deimhin! Tá crann mór ard, crann darach atá chomh sean leis an gceo, díreach in aice na claise seo. Is beag nár bhris mé mo mhuineál uair amháin agus mé ag iarraidh dreapadh suas air. Tá an crann sin os cionn céad troigh ar airde agus tá géaga móra millteacha ag fás air. Ach sinn a bheith in airde ann ní fheicfeadh an diabhal féin sinn. Téanam ort.'

Bhaineadar an crann amach. Crann mór leathan a bhí ann. Cé gur bhuachaill aclaí é Éamonn níor éirigh leis an gabhal ab ísle a bhaint amach. Ach tháinig Seán i gcabhair air. Chrom sé síos go ndeachaigh Éamonn suas ar a ghuaillí. D'aimsigh sé an gabhal crainn go héasca ansin. Shín sé a lámha síos chuig Seán ansin gur aimsigh seisean an gabhal freisin. Éasca go leor a bhí sé orthu as sin dul ó ghabhal go gabhal agus ó ghéag go géag. Stop siad nuair a bhíodar caoga nó seasca troigh os cionn talaimh. Bhí saothar orthu faoin am seo.

'Sílim go bhfuilimid ceart go leor anois,' arsa Seán. 'Tá na géaga seo tréan teann, ní baol go mbrisfidh siad. Ní baol ach oiread go bhfeicfidh na Gaill sinn. D'ainneoin na gealaí, tá an choill seo dubh dorcha.'

'B'fhéidir,' arsa Éamonn, 'go gcloisfidh siad sinne ag caint agus iad ag gabháil tharainn.'

'Ní chloisfidh siad. Nach gcloiseann tú an ghaoth ag éirí!'

Rinneadar a gcomhrá. Bhí Seán suite den tuairim gur strainséir é Éamonn a bhí díreach i ndiaidh teacht mar sheirbhíseach go teach Sheáin Mhaighdiúla i mBaile Uí Dhoinn. Agus níor shéan Éamonn an scéal. Bhí cúrsaí ag éirí róchasta dó. Tháinig tost sa chomhrá. Tost fada. Bhí Éamonn ag machnamh ar chúrsaí casta an lae a bhí imithe. Caisleán ársa Chill Chais, Lady Iveagh, an tEaspag, na Péindlíthe, Langley, Maude, mac Maude, an cú fola óg ar bhreá leis a bheith i bpáirt leis na sealgairí sagart! Thomas, nárbh ea? Thomas Maude. Cár chuala sé an t-ainm sin cheana? Ó, a thiarcais! Nár chuala sé an Máistir ag caint le linn cheacht staire faoi Sir Thomas Maude ó Dhún Droma a chéas agus a chroch sagart i gCluain Meala. An tAthair Nioclás Ó Síthigh, b'in é an sagart agus crochadh é i 1766.

A Dhia, an amhlaidh gurb ionann an dailtín

diabhalta sin Thomas Maude agus géarleantóir an tSíthigh! A thiarcais!

'Cén aois thú féin, a Sheáin, mura miste leat?'

'Scór bliain, a mhic. Tá mé chomh sean leis an gcéad. Sa bhliain 1700 a rugadh mé.'

'Féach air sin. Deir an tEaspag liom go bhfuil Gaeilge, Béarla, Laidin agus fiú roinnt Fraincise agat.'

'Tá, a bhuíochas san don Uasal Ó Sé, a bhfuil scoil scairte aige láimh le Carraig na Siúire. Ciarraíoch! Fear iontach agus ardscoláire Laidine!'

'Ach cá bhfuair tú an Fhraincis agus an Béarla?'

'Tá roinnt Fraincise ag an Máistir Ó Sé agus mhúin sé dúinn í. Bheadh sí úsáideach, dúirt sé linn, dá mba rud é go mbeimis ag liostáil in Arm na Fraince. Creidim féin gur chaith sé tréimhse ann i mBriogáid Éireannach éigin. Táim féin, mar is eol duit, ag dul anonn go Lováin na Beilge. Labhraítear Fraincis agus Dúitsis sa tír sin – mar sin, ní bheidh mé i mo bhalbhán inti.'

'Cá bhfuair tú an Béarla?'

'Bhínn ag éisteacht leis na saighdiúirí gallda ag cabaireacht ar na sráideanna i gCarraig na Siúire. Agus bhí cóisteoir Albanach ag obair do Sheán Maighdiúla tráth agus bhíodh sé ag labhairt Béarla liom. Níl an oiread sin Béarla agam mar sin féin – is mó is fearr liom na teangacha eile. Ach cá bhfios dúinn nach mbeidh orainn, agus sinn i sáinn, leas a bhaint as mar Bhéarla am éigin. Tá Béarla agat féin, creidim.'

'Tá.'

Díreach ar an bpointe sin chuala siad tormán na gcrúb. Bhí na marcaigh ag filleadh. D'fhan an bheirt go socair ciúin, gan fuaim ná focal astu.

Stad na marcaigh faoi bhun an chrainn. Bhí Seán agus Éamonn in ann na naimhde a fheiceáil, cé nár bhaol go bhfeicfí iadsan. Bhí marcach amháin chun tosaigh agus buachaill óg garbhghnúiseach leis an gcapall. Maude agus a mhaistín de mhac! Labhair Sean-Maude le duine dá chompánaigh:

'We'll scatter out, Langley – search the wood from end to end. They won't get away.' Tar éis tamaillín ghabh cúpla marcach eile an treo. Ba léir nach rabhadar ag réiteach lena chéile. Labhair fear amháin:

'By heavens, Nagle, you have given us false information. The clerical student, Lane, and that boy, where are they? Are they in Kilcash at all?'

Tugadh freagra dó i nGaeilge. D'éist Éamonn agus Seán go géar:

'Ach, a Mr Bagwell, nár iarr an mháistreás orm

an t-aibhinne a scuabadh ó bhun go barr mar go raibh an tEaspag agus Seán Ó Laighin le bheith léi anocht. Agus nach bhfaca mé an buachaill ó Bhaile Uí Dhoinn ag caint leis an mBantiarna agus nár chuir mé ceist ar an ngarraíodóir Eoghan Ó Riain! Bhí sé féin agus an Laighneach sa chaisleán, ar m'anam, ach d'imigh siad agus ní heol dom…'

Chuir an Gall isteach go feargach air: *'Irish, Irish… do you beggars ever speak English? Here, young Pennefather, you speak some Irish. What did he say?'*

Mhínigh Pennefather an scéal dó. Dúirt Bagwell roinnt eascainí agus bhailigh sé féin agus an bheirt eile leo. Thuas ar an gcrann bhí Seán Ó Laighin ar buile. Labhair sé le hÉamonn:

'An diabhal sin Liam de Nógla! Sceith sé orainn.'

'Ach cé hé Liam de Nógla?'

'Seirbhíseach de chuid na Bantiarna. Drochsheirbhíseach, áfach. Bhíodh sé ag obair sa gharraí ag cuidiú le hEoghan Ó Riain go dtí le déanaí. Ach bhíodh sé ag sciobadh úll agus piorraí ón ngarraí agus á ndíol le siopadóir cam i gCluain Meala. Rugadh air sa deireadh. Tharla sé sin cúpla seachtain ó shin. Bhí an Máistir, Tomás de Buitléir, chun bata agus bóthar a thabhairt dó. Ghlac an

Bhantiarna trua dó, áfach. Sin é an saghas duine í. Tá bean chéile agus clann óg ag an Nóglach. Níor ligeadh ar ais sa gharraí é, ar ndóigh, ach tugadh post úr dó ag scuabadh an aibhinne, ag glanadh agus ag cur bail ar na bóithre agus ag fáil réidh le bruscar. Post íseal go leor, ach bhí an t-ádh leis nár caitheadh amach é in áit na mbonn. Agus seo é an chaoi a gcuireann sé a bhuíochas in iúl don Bhantiarna. Beidh sí ar buile.'

Ghabh cúpla uair an chloig thart. D'fhan an bheirt mar a rabhadar. Bhí na Gaill ag gabháil anonn is anall thar an gcrann i gcónaí. Na coisithe, is é sin le rá. Agus ansin chualadar gleo na gcapall. Bhí na ceannairí ag filleadh. Ba léir go rabhadar corraithe go maith. Bhíodar cantalach. Labhair duine díobh, Langley b'fhéidir, i nglór piachánach:

'Well men, what are we waiting for? This ill-favoured rascal Nagle has misled us. Sent us on a wild goose chase. Why, nobody could have escaped from this wood. What do you say, Nagle?'

Ach ní raibh focal le rá ag Liam de Nógla. Ansin scread an dailtín óg Tomás amach: 'Say, why don't we just hang him! It's not so good as hanging the young priest, but better than nothing.'

Tógadh na gártha móra. Dhearc Seán agus

Éamonn, agus uafás orthu, ar ar tharla ina dhiaidh sin. Rugadh ar an bhfealltóir bocht. Scread sé agus scréach sé ach ní raibh gar ann. D'imigh cúpla nóiméad thart. Ba léir gur aimsigh na Gaill crann oiriúnach, óir níorbh fhada gur chualathas glór an Nóglaigh agus é ag guí Dé chun maithiúnas a thabhairt dó as an ngníomh uafásach a bhí déanta aige.

Labhair Éamonn i gcogar le Seán: 'An bhfuil sé ag fáil bháis?'

'Is dócha é. Ach ní féidir linn dada a dhéanamh faoi. Nár imir sé feall fuilteach orainn, ar aon nós!'

'D'imir. Ag an am céanna tá súil agam nach fuar marbh atá sé.'

D'imigh na sealgairí gallda. Fós féin níor bhog an bheirt. Eagla a bhí orthu gur fhan cúpla duine dá naimhde sa choill d'aon ghnó chun spiaireacht a dhéanamh. Sa deireadh thiar, áfach, rith sé leo go cinnte nach raibh éinne ag bogadh thart. Síos chun talaimh leo agus bhíodar ar tí filleadh ar an gcaisleán nuair a stop Éamonn go tobann. Scairt sé:

'A Sheáin, féach, féach!'

D'fhéach Seán. Chonaic sé fear ar crochadh as gabhal crainn íseal. Ach ní raibh sé crochta i gceart. Bhí an rópa thart faoina mhuineál ach ní raibh sé teann go leor chun an bheatha a mhúchadh as ar fad cionn is gur sháigh duine éigin (duine cineálta, de réir dealraimh – Pennefather óg na Gaeilge, b'fhéidir) cúpla fód cré faoi bhun chosa an té a crochadh.

Bhí muineál an ainniseora, mar sin, ar aon leibhéal leis an rópa, é ceart go leor fad is a bhí a chosa ar an gcarn cré. Ach ní raibh gíog ná míog as, mar sin féin.

Labhair Éamonn: 'An marbh atá sé?'

'N'fheadar!' Chrom an Laighneach síos agus d'éist sé. 'Féach, tá sé beo. Tá a chroí ag preabadh. Tiocfaidh sé chuige féin ar ball. Ach bainimis an rópa dá mhuineál.' Rinneadar é sin.

Labhair Seán arís: 'Bímis ag bogadh anois. Tiocfaidh an scraiste seo chuige féin. Ba chóir dúinn a bheith bailithe linn sula músclóidh sé. Mar sin is fearr. Cinnte dearfa, ní dhéanfaidh sé lá oibre go deo arís i gCill Chais.'

Agus iad ag druidim i ngar don chaisleán labhair an Laighneach arís: 'Ná téimis isteach sa chaisleán anois díreach, a mhic. Tá barúil agam go bhfuil duine nó beirt de na Gaill ag bogadh thart faoin áit i gcónaí. Tá crann mór fuinseoige ar imeall na coille seo. Téimis in airde ann agus beidh radharc breá againn ar gach dá bhfuil ag tarlú thart faoin gcaisleán.'

Rinneadar sin. Ba mhaith an rud é go ndearna óir bhí cúpla sealgaire fós ag bogadh thart ar an bplásóg. Tar éis tamaill, áfach, bhailíodar leo. Fós féin d'fhan an bheirt thuas sa chrann. Chonaiceadar Liam de Nógla ag gabháil tharstu, é ag gabháil ó thaobh go taobh ar nós meisceora, é ag triall ar a chró féin in aice an chaisleáin. Rinneadar gáire searbh. Bhí dul amú ar an Nóglach má shíl sé nach dtiocfadh an Bhantiarna ar an eolas faoin bhfeall a rinne sé. Thiocfadh agus go luath.

Caibidil 6

Go Carraig na Siúire

BHÍ an líon tí fós ina suí nuair a bhuail Éamonn agus Scán isteach sa chaisleán. Bhí an tEaspag agus an Bhantiarna ann, mar aon lena fear céile Tomás agus a mac Seán. Bhí Seán Ó Laighin tar éis a insint d'Éamonn gurbh é Seán de Buitléir an t-aon duine de chlann mhac na Bantiarna a bhí beo anois. Risteard, an mac ba shine, thit sé de chapall gur maraíodh é agus fuair Uaitéar, an dara mac, bás den bholgach. Leaid óg aerach ba ea Seán de Buitléir ach bhí cuma na haoise ar a athair. B'fhada é ón oifigeach óg aigeanta a throid le Pádraig Sáirséal i Luimneach tríocha bliain roimhe sin. Thug Seán cuntas cruinn dóibh faoi eachtraí na hoíche sa choill. Bhí an sean-Bhuitléarach ar buile nuair a chuala sé faoi dhrochbheart an fhealltóra:

'An bithiúnach bradach,' ar seisean. 'Dá mbeinnse in bhur n-áit, creid uaimse nach é an rópa a bhaint

47

a dhéanfainn. Nóiméad amháin eile ní fhanfaidh sé anseo.' D'éirigh sé le dul amach ach chuir an Bhantiarna stop leis. Labhair sí: 'Lig dó don oíche anocht, a Thomáis. Tá lánchead agat fáil réidh leis ar maidin. Ós eol dúinn a dhrochbhearta ní ligfear dó fanacht i gCill Chais ná sa dúiche. Imeoidh sé in áit na mbonn go ceantar éigin eile. Ach cuma cén áit a rachaidh sé ní bheidh lá suaimhnis aige go lá a bháis. A bhean bhocht agus na páistí, is díol trua iad! Anois, a Sheáin agus a Éamoinn, ní foláir nó tá sibh traochta i ndiaidh eachtraí na hoíche anocht. Tig libh codladh go headra. Beidh sibh ag bualadh le Pádraig Ó Duibhir teacht na hoíche amárach. Fanaigí go ciúin socair in bhur seomra idir an dá linn. Taispeánfaidh mé an seomra daoibh.'

Seomra galánta thíos ag bun an tí a bhí ann. Dhá leaba ann, bord, cathaoireacha agus cupaird. Labhair an Bhantiarna: 'Is leatsa an dara leaba, a Éamoinn. An féidir leat í a bhogadh beagáinín ar chlé?'

Rinne Éamonn amhlaidh. Agus ansin leath a shúile air le hiontas. Díreach san áit a raibh an leaba sular bhog sé í bhí comhla thógála. Labhair an Bhantiarna:

'Ardaigh an chomhla, a stór.' Rinne Éamonn amhlaidh, go bhfaca sé na céimeanna. Labhair an Bhantiarna arís: 'Tá seomra beag thíos ansin agus pasáiste ag dul amach uaidh go dtí ceann de na stáblaí. Bealach éalaithe, a bhuachaillí, má fhilleann ár naimhde. Bhuel sin sin – feicfidh mé sibh amárach. Oíche mhaith agus codladh sámh.' Agus d'ainneoin go rabhadar corraithe go mór tar éis eachtraí na hoíche chodail siad go sámh suaimhneach.

Níor bhog siad as an seomra an lá dár gcionn. Tugadh a gcuid béilí dóibh ar thráidire. Bhí sé déanach go maith sa tráthnóna nuair a chuir Lady Iveagh forrán orthu. Bhí sí gléasta chun taistil. Labhair sí:

'Beimid ag bualadh bóthair go luath, a bhuachaillí. Tá an cóiste réidh. Ar eagla go mbeadh duine nó beirt de na saighdiúirí buí ag bogadh thart rachaidh mé libh go Cill Síoláin. Ní chuirfidís isteach orm, mar is eol daoibh.'

Amach leo. Labhair an Bhantiarna leis an gcóisteoir, Muiris Ó Néill. B'eisean a thug an rabhadh dóibh an oíche roimhe sin. Chuaigh siad isteach sa chóiste agus níorbh fhada go rabhadar ar an droichead i gCill Síoláin. Bhí Pádraig Ó Duibhir ann rompu. Labhair an Bhantiarna leis agus thug sí ciseán bia dó agus bosca mistéireach nár léir cad a bhí ann. Bhain Lady Iveagh bosca eile as an gcóiste ansin agus shín i dtreo an Laighnigh é. 'Anois, a Sheáin, a mhic,' ar sí, 'seo é an t-ór. Ba chóir go mbeadh breis agus do dhóthain agat chun na táillí léinn agus iostais a ghlanadh thall i Lováin. Bí cúramach leis. Tá neart gadaithe idir seo agus an Bheilg. Agus tabhair íocaíocht mhaith do Phádraig anseo. Tá sé ag cur a bheo féin i gcontúirt ar mhaithe linn. Slán anois, a fheara, agus Dia go deo libh!' Chroith sí lámh leo agus d'imigh sí léi.

D'imíodar leo síos an abhainn. Oíche álainn a bhí ann. Gealach bhreá sa spéir. Gan oiread agus puth ghaoithe ann.

Fear lách meánaosta ba ea Pádraig Ó Duibhir. Bhí a shaol caite aige ar abhainn na Siúire. Cé nach raibh a bhád rómhór bhí sí breá compordach. Bhí meascán beag earraí siopa aige ar bord, mar aon le slat iascaireachta, líne, duáin agus baoite. Éinne a bheadh ag breathnú ar an triúr sin shamhlódh sé go rabhadar chun dul i mbun oíche iascaireachta.

Leanadar leo síos an abhainn – thar Bhaile Uí Dhoinn agus áras ársa Sheáin Mhaighdiúla. Chonaic siad coillte Chúil na Muc siar ó dheas uathu. Ní raibh duine ná deoraí le feiceáil ar bhruacha na habhann.

Bhíodar ag tarraingt gar go leor do Charraig na Siúire nuair a labhair Pádraig Ó Duibhir: 'A Éamoinn,' ar sé, 'an ndearna tú aon aisteoireacht riamh?'

'Rinne,' arsa Éamonn. 'Bhíos i bpáirt Long John Silver i ndráma scoile i mbliana.'

'Long John - ? Ní thuigim. Ach féach, an bhfuil tú in ann aithris a dhéanamh ar ghuth Sasanach?'

'Tá, sílim.'

'Bhuel, caithfidh tú é a dhéanamh anois agus tá súil ghéar agam nach ndéanfaidh tú praiseach de.' Bhí Éamonn trína chéile. Lean Pádraig ar aghaidh:

'Táimid ag tarraingt ar an mbaile mór. Beidh an abhainn ag gabháil taobh leis an mbóthar mór sula i bhfad. De ghnáth bíonn na saighdiúirí buí ó gharastún an bhaile ar garda ar an mbóthar sin. Saighdiúirí Albanacha go hiondúil. Tá súil aithne acu orm. Ní hiad is measa. Ach ná bídís in amhras fúinn! Agus beidh, táim cinnte, má fheiceann siad beirt fhear fhásta agus leaid óg ar an abhainn i ndubh na hoíche. Ach cailín – sin scéal eile! Táimid chun dallamullóg a chur orthu. Is í an Bhantiarna féin a smaoinigh air mar sheift agus thug sí na huirlisí cuí dom. Féach, a Éamoinn…' agus shín sé an bosca mistéireach a thug an Bhantiarna dó chuig an mbuachaill, 'cuir ort iad seo.'

D'fhéach Éamonn isteach sa bhosca. Boinéad agus gúna! Gúna fada! Bhí mearbhall air. Labhair Pádraig: 'Anois, seo é an scéal – is iascaire mise. Mac liom is ea Seán agus is tusa mo neacht óg ó Londain Shasana. Tá tú ag caitheamh saoire linn. Tá raidhse Béarla agat. Cuir ort an boinéad agus an gúna. Ní gá do chuid éadaigh a bhaint díot. Rachaidh an gúna síos thar na cosa ort. Déan deifir anois.'

Rinne Éamonn rud air. I gceann nóiméad nó dhó bhí sé ina chailín críochnaithe.

Leanadar leo síos an abhainn. Níorbh fhada go rabhadar taobh leis an mbóthar mór. Bhí an ceart ag Pádraig. Bhí cúigear nó seisear saighdiúirí ar dualgas. Scairt an ceannaire orthu: *'Who goes there? Halt – halt in the King's name!'* Stopadar. Ghabh an ceannaire anonn go bruach na habhann. Labhair sé:

'Who ha'e we here? Och, I ken you, boatman. But who are the other twa'? Do you speak English?' Chroch Pádraig a cheann. Labhair Seán:

'English my father speaks not. But my cousin Caitlín here …'

'*You speak English, lass?*' arsa an tAlbanach. Neirbhíseach go leor a bhí Éamonn agus é á fhreagairt, é ag iarraidh aithris a dhéanamh ar ghlór cailín: '*I do, indeed, sir. My parents both live in London and I was born there. I am now on a short holiday with my uncle Pádraig. We are on our way to Carrick to visit my aunt and enjoying a night's fishing. See, my uncle has been using his rod and line but, sad to say, has caught no fish.*'

Gháir an tAlbanach: '*Well, better luck next time, lass. Ahead with ye, then. Should you run into the soldiers in Carrick tell them ye were speaking to Captain Dougie Hamilton. They'll let you through.*'

Ghabhadar buíochas leis an gcaptaen lách. Ar aghaidh leo. Labhair Pádraig: 'Rinne tú an-jab ansin, a Éamoinn. Éacht! Bheadh an Bhantiarna mórtasach asat.'

Shroich siad Carraig na Siúire gan mhoill. Níor bhain Éamonn an gúna ná an boinéad de i rith an ama, ar eagla go mbuailfidís le saighdiúirí gallda eile ar an mbaile. Ach níor ghá dó a bheith buartha. Níor chas aon duine orthu. Cheangail siad suas an bád go teann socair ar bhruach na habhann agus thugadar aghaidh ar an mbaile.

Caibidil 7

BERESFORD BORB

GAR go leor don droichead, taobh Phort Láirge den bhaile, a bhí cónaí ar Pheadar de Paor. Bhain Éamonn agus a chompánaigh an teach amach gan dua. Cé go raibh sé fós ina oíche bhí Peadar agus a bhean chéile ina suí, iad ag dúil, de réir dealraimh, le teacht an triúir.

Ba sheanchairde iad Pádraig agus Peadar agus chrom siad ar an gcomhrá láithreach bonn. Ba bhean lách í Nóra, céile Pheadair, agus chuir sí fíorchaoin fáilte rompu. Níorbh fhada go raibh béile breá blasta réitithe aici. D'itheadar agus d'óladar a sáith.

Bhí sé ina lá faoin am seo. Labhair Peadar: 'Mar seo atá sé. Beimid ag cur chun abhann go luath anocht. Tá aistear fada romhainn. Síos go cuan Phort Láirge, tá a fhios agaibh. Ní dócha go gcuirfear isteach orainn. Is annamh a bhíonn saighdiúirí gallda le feiceáil thart faoin stiall sin den abhainn.'

Go luath ina dhiaidh sin d'fhág Pádraig Ó Duibhir slán leo. Labhair Nóra de Paor: 'Sibhse, a Sheáin agus a Éamoinn – ná bogaigí amach ar eagla na heagla. Beidh sibh slán sábháilte linne anseo go hoíche.'

Tháinig an oíche. D'aimsigh Peadar a ghiuirléidí iascaireachta agus sháigh isteach sa bhád iad. Réitigh Nóra bosca bia dóibh agus chuireadar chun abhann. Bhí droch-chuma ar an oíche. Fiú agus iad ag dul isteach sa choite bhí na braonta beaga báistí ag titim. Níor ghoill sin rómhór orthu. Ní bheadh ann shíleadar, ach sprais samhraidh. Bhí dul amú orthu. Níorbh fhada go raibh sé ag stealladh báistí. A leithéid de thintreach is de thoirneach ní fhaca ná níor chuala Éamonn riamh. Bhí sé ina stoirm cheart. Ní raibh bádóir ní b'fhearr ná Peadar de Paor i gContae Phort Láirge ach ba le dua an-mhór a choimeád sé smacht ar a choite bheag.

Mhaolaigh an stoirm faoi dheireadh. Faoi mheán oíche ní raibh deoir bháistí ag titim. Bhí an triúr ina líbíní báite. Ach ní raibh neart acu air. Leanadar ar aghaidh. Bhíodar i gCo. Chill Chainnigh faoin am sin. Ghabhadar thar bhaile beag Fhíodh Dúin.

Leanadar ar aghaidh míle nó dhó eile. Ní raibh focal astu. Agus ansin … Éamonn ba thúisce a chonaic an fear óg ar bhruach na habhann. Bhí sé ag imeacht de sciuird reatha. Stop sé gur chuir forrán orthu: 'Cá bhfuil bhur dtriall, a fheara?'

'Táimid ag dúil le cuan Phort Láirge a bhaint amach roimh mhaidin,' arsa Peadar.

'Ná déan, ná déan! Casaigí timpeall agus imígí ar ais go dtí cibé áit as a dtáinig sibh.'

'Cén fáth?'

'Cén fáth! Tá na saighdiúirí buí láimh linn. Thart faoi mhíle uainn ar dhá thaobh na habhann. Is cosúil gur éalaigh príosúnach – buachaill bocht ó Mhóin Choinn – ó charcair Phort Láirge níos luaithe anocht agus táid ag cíoradh na dúiche á lorg. Casaigí timpeall, in ainm Dé!' D'imigh an t-ógfhear leis. Labhair Peadar:

'Ní thig linn filleadh abhaile. Tá obair le déanamh againn agus an Bhantiarna ag brath orainn.' Labhair Éamonn ansin:

'B'fhéidir go bhféadfainn a bheith i mo chailín arís.'

'Ní fhéadfá, a mhic! Ní oibreoidh an cleas sin sa chás seo. Níl tú ag plé leis an gCaptaen Hamilton agus na hAlbanaigh anois. Diabhail as ifreann iad saighdiúirí Phort Láirge. Níl ach réiteach amháin ar an scéal. Rachaidh mé féin ar aghaidh sa bhád i m'aonar. Gach seans nach mbacfar liom. Is féidir libhse gabháil ar aghaidh trí na páirceanna ach, ar bhur n-anam, ná téigí in aice le bruach na habhann. Nuair a bheidh cúpla míle curtha díbh agaibh buailigí isteach arís chun na habhann. Beidh mé ag feitheamh libh. Is é sin, mura mbím gafa cheana féin ag na saighdiúirí.' D'imigh sé leis. Thug Seán agus Éamonn na páirceanna orthu féin. Ach gan an abhainn mar threoir acu bhí sé dian orthu a slí a dhéanamh i gceart. Bhí go maith gur chuala siad an glór ard garbh:

'Who goes there? 'Alt in the name of 'Is 'Ighness King George.' Saighdiúir gallda a bhí ann agus bhí comrádaí taobh leis. Labhair Éamonn: *'My brother and I were kept awake because of the storm. When the storm ceased we were still unable to sleep, so we decided to take a walk.'* Gáire fonóideach ón Sasanach: *'Is that so? We'll put you to sleep soon enough!'*

Labhair a chomrádaí: *'Say, William, are we not expected to deliver that letter to Colonel Beresford before morning? These two scamps like to walk — why not give them our letter and let them walk all the way to Beresford Demesne. I, for one, would like to get back to my warm bed.'*

'How right you are, Simon!' arsa William. *'Here, you,'* agus shín sé beart beag i dtreo Sheáin. *'Take this to Colonel George Beresford. No tricks, mind or we'll deal with you!'*

'But where does the Colonel live?' arsa Éamonn.

'Where! In Curraghmore Demesne, beyond Portlaw village. You have a tongue in your 'ead. Ask the way.' Bhailigh na saighdiúirí leo. Labhair Éamonn: 'An bhfuil Port Lách i bhfad uainn?'

'Fada go leor,' arsa Seán. 'Ceithre nó cúig mhíle, b'fhéidir. Más féidir linn an bóthar a aimsiú beimid i gceart.'

'Ach nach féidir linn dul ar aghaidh agus bualadh le Peadar, faoi mar a bhí socraithe againn, ar bhruach na habhann.'

'Ní dóigh liom é. Sílim go bhfuil na saighdiúirí ar an airdeall. B'fhéidir gur ina phríosúnach atá Peadar. Ach féach, tig linn breathnú ar an litir.

'To the esteemed Right Hon. Colonel George Beresford

We would appreciate if you would please call to our city Barracks at your earliest convenience — tomorrow, if possible.'

Signed: Edward Montgomery (Colonel).'

Scairt Seán: 'Nach bhfeiceann tú! Tá práinn ag baint leis an teachtaireacht seo. Ach an litir a bheith faighte aige bí cinnte dearfa go mbuailfeadh an Coirnéal Beresford ar aghaidh go Port Láirge láithreach bonn. Agus chun a chinntiú nach rabhamar ag déanamh cleasaíochta bhéarfadh sé sinne leis. Sa chaoi sin bhainfimis cathair Phort Láirge amach slán sábháilte sula dtiocfaidh *La Mer Grande* i gcuan.'

'Cén saghas duine é an Coirnéal Beresford?'

'Duine borb drochmhúinte, deirtear.'

* * *

Bhí bothán beag ar thaobh an bhóthair. Dhúisigh siad fear an tí.

'An é seo an bóthar go Port Lách?' arsa Éamonn.

'Sea, a mhic. Trí nó ceithre mhíle ar aghaidh.'

'Trí nó ceithre mhíle!'

Ba iad siúd na mílte crua contráilte! Bhí sé ina lá nach mór nuair a bhain siad Port Lách amach. Chuireadar ceist ar sheanfhear agus níorbh fhada go rabhadar ina seasamh taobh amuigh d'áras mór maorga. Bhuaileadar cnag ar an doras. Tháinig banseirbhíseach óg amach. Labhair sí leo i nGaeilge:

'Cad atá uaibh?'

'Is mian linn labhairt leis an gCoirnéal Beresford,' arsa Seán.

'Tá an máistir fós ina luí. Ní labhródh sé le bhur leithéidí ar aon nós.'

'Ach tá litir an-phráinneach againn dó. Litir a thug saighdiúir dc chuid Arm na Breataine dúinn le tabhairt dó.'

'Litir! Taispeáin dom í.' Tugadh an litir di le léamh. Labhair sí ansin: 'Sea, tá sé seo práinneach, de réir dealraimh. Fan nóiméad.' Tar éis tamaill fhada d'fhill an cailín. Bhí fear ard dearg-ghnúiseach léi. Labhair sé leo go crosta:

'What's all this? Where is the letter?' Thug Seán an litir dó. Leigh sé í. Labhair Éamonn ansin: *'Can we go now, sir?'*

'Go? Certainly not! I must go to Waterford immediately. You both will come with mc. I know the officer who sent this letter. But his signature may well be forged. Perhaps it is a trap, a Papist plot. You two will accompany me to Waterford. Should the message not be genuine you will both die. Understand that? Good! Wait in the yard until my coach is ready.'

D'imigh sé leis. Le bricfeasta a chaitheamh, ní foláir. Ach níor thairg sé oiread agus grabhróg aráin

don bheirt. Agus ní rabhadar ag dúil lena leithéid
ón duine gránna. Cé go rabhadar stiúgtha leis an
ocras bhíodar sásta go maith. Bhíodar ag fáil síob
saor in aisce go Port Láirge i gcarráiste galánta an
Choirnéil!

Caibidil 8

CATHAIR PHORT LÁIRGE

BHÍ an ghrian sa spéir nuair a chuir cóisteoir an Choirnéil forrán ar Sheán agus Éamonn: 'Brostaígí oraibh! Táimid réidh chun gluaiseacht agus tá drochfhuadar faoin gCoirnéal.'

Ar aghaidh leo chuig an gcóiste. Bhí an Coirnéal ina shuí sa suíochán tosaigh agus neart cúisíní compordacha faoi. Níor iarr sé ar an mbeirt suí in aice leis. Cinnte nár iarr! Brúite isteach ar chúl an chóiste a bhí Seán agus Éamonn. Ní rabhadar róchompordach. Ach ba chuma leo. B'fhearr go mór é ná a bheith ag dul i muinín na gcos.

D'ardaigh an cóisteoir an fhuip agus d'imíodar leo go mear. An dá chapall a bhí ag tarraingt an chóiste, ba scoth ainmhithe iad. Níor ghá don tiománaí iad a bhualadh. Ar aghaidh leo de sciuird reatha agus iad ag baint spréacha as an mbóthar.

Bíodh nach raibh áit suí róchompordach acu,

bhain Éamonn agus Seán an-taitneamh as an turas cóiste. Taobh istigh de chúpla uair an chloig bhíodar ag gabháil trí chathair ársa Phort Láirge. Ghread an cóiste ar aghaidh go gasta trí na seansráideanna cúnga, gur baineadh beairic na saighdiúirí amach sa deireadh. Thuirling an Coirnéal den chóiste. Rinne Seán agus Éamonn an rud céanna. Scread Beresford: *'You two – don't attempt to escape. Here, walk in front that I may see you. I don't trust you Irish!'* Bhuail Beresford cnag ar dhoras na beairice. Tháinig saighdiúir singil amach. Labhair an Coirnéal: *'I am Colonel George Beresford. Take me to Colonel Montgomery. Hurry, man – I don't have all day to waste!'* Tugadh an Coirnéal agus an bheirt Ghael i láthair Montgomery. Labhair sé lách go leor leo:

'Good day, George. Thank you for coming. But who are your two companions?'

'Companions! Bah! Papist rebels likely! They delivered your letter.' Labhair Éamonn: *'We were halted by the soldiers, sir, between Fiddown and Mooncoin. They forced us to deliver the letter.'* Labhair Montgomery go crosta: *'Bad practice that! Those infernal private soldiers should carry out my orders themselves and not press private citizens into doing their work. But you*

did well, lads. You may go. But don't dally in the city. Our soldiers are conducting important exercises and manoeuvres today.'

D'fhágadar slán leis. Dhearc Beresford go searbh orthu ach níor dhúirt sé faic. Bhaineadar an tsráid amach.

'Meas tú cén saghas inlíochtaí atá beartaithe ag an Arm gallda inniu?' arsa Éamonn.

'N'fheadar,' arsa Seán. 'Ach má bhíonn baint ag Beresford gránna leo bí cinnte go ndéanfar céasadh ar phobal na cathrach.'

Shiúladar leo i dtreo na gcéanna. D'inis Seán d'Éamonn go raibh socraithe ag an mBantiarna go gcuirfidís fúthu i dteach Roibeard Somers.

'Sasanach is ea Roibeard, iarshaighdiúir i bhfórsaí na Breataine. Phós sé cailín Éireannach agus d'fhoghlaim sé Gaeilge. Anois tá sé níos Gaelaí ná na Gaeil féin!'

Bhí Somers ina bhaintreach fir faoin am seo, a chlann fásta suas agus scaipthe. Toisc gur sheansaighdiúir Sasanach é ní raibh na húdaráis ghallda amhrasach faoi riamh. Mar sin rinne an Bhantiarna cinneadh cliste nuair a d'áitigh sí air dídean a thabhairt don ábhar sagairt. Bhí cónaí air i gcúlsráid láimh leis na céanna. Bhain Éamonn agus Seán an teach amach gan dua, óir bhí sonraí beachta faighte acu ón mBantiarna. Chuir an sean-Sasanach fáilte mhór rompu:

'Mhaise, Dia bhur mbeatha, a ghaiscíocha óga,' ar sé. 'Ní foláir nó tá ocras oraibh. Suígí síos, ligigí bhur scíth agus beidh béile agam daoibh sula i bhfad.'

Chuaigh sé i mbun oibre. Leag sé béile den scoth os comhair na beirte. Caoireoil bhlasta, arán cruithneachta, úlla milse. Agus rogha d'fhíon na Spáinne. Níor bhac Éamonn leis an bhfíon ach ghlac sé muga mór bainne ón seansaighdiúir agus d'ól ar a shuaimhneas é.

Bhíodar fós ag ithe agus ag ól nuair a buaileadh cnag ar an doras. Tháinig fear isteach. Is beag nach ndearna Seán agus Éamonn pocléim san aer le teann áthais. Cé a bheadh ann ach Peadar de Paor. Labhair sé:

'Mhaise, a bhuachaillí, is geal liom gur tháinig sibh slán. D'éirigh liom féin an dubh a chur ina gheal ar na saighdiúirí. Ligeadar liom. D'fhág mé mo bhád in áitín bheag iargúlta leath slí idir Móin Choinn agus Port Láirge agus shiúil mé liom ansin an chuid eile den aistear.'

Thug Éamonn cuntas dó faoina gcuid eachtraí

féin. Le linn dó a bheith ag insint an scéil chuala siad tormán mór amuigh sa tsráid. Chuaigh Roibeard amach chun an scéal a fhiosrú. D'fhill sé i gceann tamaillín.

'Á, a chairde,' ar seisean, 'tá rírá agus ruaille buaille amuigh sna sráideanna. Beresford agus a chúlaistíní ag ceistiú gach éinne a ghabhann thar bráid agus ag iarraidh eolais a sracadh uathu le lámh láidir. Ach tá sibhse go seoigh anseo. Nílimse faoi amhras acu. Fanaigí go ciúin socair anseo agus ní chuirfear isteach oraibh.'

Níos deireanaí sa lá nuair a bhí cúrsaí ciúin thart faoi na céanna d'fhág Peadar slán leo. Bhí áthas air a bheith ag filleadh ar Charraig na Siúire agus a fhios aige go raibh a chuid oibre don Bhantiarna curtha i gcrích aige.

Chaith Seán agus Éamonn cuid den lá ina gcodladh i gcúlseomra. Bhí sé ina thráthnóna déanach nuair a mhúscail siad. Chaitheadar béile beag agus rinneadar comhrá le Roibeard. Chuaigh cúpla uair an chloig thart. Bhí uair na cinniúna ag druidim leo.

Bhí an long *La Mer Grande* le bheith sa chuan roimh a haon déag a chlog. Bhí sé leathuair i ndiaidh a deich anois. Ghabhadar buíochas ó chroí

le Roibeard agus d'fhág siad slán aige. Amach leo i dtreo an chalafoirt. Sea, bhí an long ar ancaire ann, í díreach tar éis teacht isteach. Bhí scata fear óg, Géanna Fiáine ar tí dul isteach in Arm na Fraince, ag dul ar bord. Bhí an captaen ag cur fáilte rompu. Scairt an captaen ar Sheán: 'Brostaigh ort, a dhuine! Táimid ar tí cur chun farraige.'

D'fháisc Seán lámha Éamoinn go grámhar agus d'fhág sé slán aige. Is beag a dúradar le chéile. Bhí tocht i scornach Éamoinn. Go deo na ndeor ní dhéanfadh sé dearmad ar Sheán Ó Laighin ná ar na heachtraí corraitheacha ina rabhadar beirt páirteach. Scaoileadh an long agus d'imigh sí léi ón gcalafort. Bhí sí ag gabháil as amharc nuair a thug Éamonn na saighdiúirí buí faoi deara. Cuma fhiata orthu! Oifigeach éigin − Beresford, b'fhéidir − á ngríosú chun gnímh. Ar thóg siad ceann don long? Cinnte gur thóg. Ach bhí *La Mer Grande* imithe rófhada uathu. Ní thiocfaidís uirthi go deo. Ach eisean! Seo anois é ina aonar ar an gcalafort agus na saighdiúirí gallda go tiubh tréan thart air. Céard a dhéanfaidís leis? Bhíodar ag teacht ina threo. Bhí a phort seinnte! Dhún sé a shúile.

Agus ansin bhí gach rud trína chéile. Chuile shórt ina mheascán mearaí! Bhí a cheann ag pléascadh.

Bhraith sé gur thíos ar an talamh ina luí a bhí sé. Bhí a shúile druidte fós. Sheas sé suas. D'oscail sé a shúile.

Nach air a bhí an t-iontas. Amharc dá laghad ní raibh aige ar chalafort Phort Láirge ná aon chalafort eile. Saighdiúirí gallda ní raibh le feiceáil ná, go deimhin, aon neach beo. Bhí sé ina sheasamh, faoi mar a sheas sé níos luaithe san iarnóin, ar phlásóg ghlas láimh le Cill Chais. Ach ní raibh tásc ná tuairisc ar Lady Iveagh ná ar an Easpag ná ar an sean-Bhuitléarach. Níorbh ann don chaisleán álainn taibhseach. Ina áit bhí fothrach lom folamh, creatlach tí a bhí ag titim as a chéile.

Bhí an lá caite agus néalta na hoíche ag leathnú os cionn Shliabh draíochta na mBan. Bhain Éamonn an bóthar amach. Bhrostaigh sé leis abhaile agus tocht ar a chroí.

Caibidil 9

ÉAMONN CAITHRÉIMEACH

BHÍ an líon tí fós ina suí nuair a bhain Éamonn an baile amach. Bhí a thuismithcoirí imníoch faoi. Shíleadar gur ar seachrán sna sléibhte a bhí sé. Is orthu a bhí an ríméad, mar sin, é a fheiceáil chucu slán sábháilte. Chomh ríméadach sin i ndáiríre nár fhéachadar le híde béil a thabhairt dó. Bhí sé stiúgtha leis an ocras. Chrom Mam ar roinnt bia a réiteach dó sa chistin. Thug Daid, Caoimhín agus Nuala an leaba orthu féin. Ní raibh fágtha sa seomra ach Éamonn agus Daideo.

'A Dhaideo,' arsa Éamonn, 'ar chuala tú trácht riamh ar Lady Iveagh, nó cérbh í féin?'

'Mhaise, chuala, a stór. Ach tá sí marbh leis na cianta. Mhair sí i gCill Chais fadó. Nach raibh tú féin ann inniu – ar chuir tú ceist ar éinne fúithi? Níor chuir! Bhuel, anois, ba dhuine iontach í an Bhantiarna. Chomh fial cineálta is a bhí sí le pobal bocht na dúiche.'

'Cathain a d'éag sí?'

'Sa bhliain 1744, deirtear liom. Fuair a fear céile, an Buitléarach, bás roinnt bheag blianta roimhe sin. Agus creid é nó ná creid, ach deirtear gur bhailigh éanlaith uile Shliabh na mBan thart ar Chill Chais chun í a chaoineadh lá a sochraide. Bhíodh sé de nós aici arán agus bainne a fhágáil thart faoin gcaisleán d'éiníní ocracha na sléibhte fad is a mhair sí.'

'Agus creidim gur chuidigh sí leis na sagairt a bhí faoi chois ag an am sin.'

'Chuidigh, cinnte. Agus sheol sí fir óga thar sáile le bheith ina sagairt. Agus é sin uile as a póca féin.'

'Ar chuala tú riamh faoi Sheán Ó Laighin? An tAthair Seán Ó Laighin, sílim.'

'Chuala. Bhí an Máistir Ó Conaill ag insint dom faoi, ar m'anam. Fear de chuid na dúiche seo a chuir an Bhantiarna thar lear. D'fhill sé ar Éirinn agus bhí sé ina shagart paróiste i gCarraig na Siúire i ndeireadh a shaoil. D'éag sé breis agus tríocha bliain i ndiaidh bhás Lady Iveagh.'

'Ní foláir nó sagart den scoth a bhí ann, a Dhaideo. Ar chuala tú iomrá riamh faoin Easpag de Buitléir, Easpag Chaisil?'

'Níl mórán eolais agam faoi, ach dúirt an Máistir

Ó Conaill liom gur duine naofa ar fad a bhí ann. Ba dheartháir é le fear céile na Bantiarna agus deirtear liom go raibh sé go mór os cionn na gceithre scór nuair a fuair sé bás.'

'Agus, ar ndóigh, bhí saol crua ag an bhfear bocht. Maude, Langley agus Bagwell á chéasadh de shíor agus ag dul sa tóir ar na sagairt.'

'Is iontach go deo an t-eolas atá agat faoi na cúrsaí seo, a mhic. Cá bhfuair tú é? Níor chuala mé tú riamh cheana ag trácht ar na cúrsaí seo. Ná ag cur spéise iontu, fiú!'

'Á,' arsa Éamonn leis féin, 'dá mbeadh a fhios agat! Nár bhuail mé le Lady Iveagh, leis an Easpag agus le Seán Ó Laighin! Nár chas na Gaeil thréana agus na Gaill ghránna orm? Nár chas – in ainm Dé, an as mo mheabhair atá mé?'

Bhí an béile réitithe faoin am seo. Chuaigh Éamonn agus Daideo isteach sa chistin.

Chuir an Máistir a dhóthain ceisteanna ar Éamonn ar scoil an lá dár gcionn, faoina thuras go Cill Chais, faoina raibh le feiceáil ann. Ar chuir sé forrán ar a Dhaideo agus céard a d'inis sé siúd dó? Agus thug Éamonn tuairisc bhreá dó agus do na daltaí eile, tuairisc a chuir iontas an domhain orthu. Labhair sé faoin gcaisleán álainn, díreach mar a

bhí sé fadó, faoin mBuitléarach a throid le Pádraig Sáirséal i Luimneach, faoina bhean chéile éachtach Lady Iveagh agus faoin gcaoi inar chuidigh sí le heaspaig, sagairt agus daoine bochta na dúiche. Faoi na fir óga a sheol sí go cliarscoileanna na Mór-Roinne. Faoi Sheán Ó Laighin.

D'éist an Máistir Ó Conaill leis agus iontas air. Níor chuala sé a leithéid de thuairisc ó éinne riamh cheana. Níor thuig sé an scéal. Go dtabharfadh Éamonn Ó Meára, buachaill nár chuir puinn suime riamh i stair na tíre ná na dúiche, a leithéid de chuntas! Cé a chreidfeadh é?

Ach é sin ráite ní dhearna sé dearmad ar Éamonn a mholadh nuair a chuir seisean clabhsúr ar a chuntas. Mhol sé go hard na spéire é:

'Tuairisc iontach, a Éamoinn, a mhic, agus bhíomar uile faoi gheasa agat. A leithéid d'eolas cruinn ceart níor chuala mé ó aon duine riamh! Agus an chaoi ar inis tú an scéal dúinn! Ní foláir nó gur bhain tú do chuid féin as seanchas do Dhaideo. Shílfeá ón méid a dúirt tú linn go raibh aithne agat ar Sheán Ó Laighin, Lady Iveagh agus daoine eile atá marbh le breis mhór agus dhá chéad bliain.'

Seanchas Dhaideo! Á, dá mbeadh a fhios acu! Dá mbeadh a fhios acu gur bhuaileas féin le Lady Iveagh,

75

go ndearna mé comhrá léi. Go ndeachaigh mé i bhfolach sa choill nuair a bhí na sealgairí sagart ag iarraidh teacht orm féin agus mo chompánach. Go rabhamar páirteach, mé féin agus Seán Ó Laighin, in eachtraí móra. Á, dá mbeadh a fhios acu! An ag rámhaille atáim! Ar bhain na heachtraí sin dom? Cé a chreidfeadh mé? Nach i mo thoirchim suain ar thaobh sléibhe a bhíos! Brionglóid! N'fheadar, mhuise!

* * *

Níor thug sé faoi deara go raibh an Máistir ag glaoch air.

'Á,' arsa an Máistir, 'ag aislingeacht arís. Do chroí agus d'intinn i bhfad ón áit seo. Is cuma! Tá na seanlaethanta imithe. Cill Chais is a teaghlach ar lár! Ach cén dochar. Bíodh amhrán againn. Ardaígí bhur ngutha, a pháistí.' Agus d'ardaíodar:

Aicim ar Mhuire 's ar Íosa
Go dtaga sí arís chugainn slán,
Go mbeidh rincí fada 's gabháil timpeall,
Ceol veidhlín is tinte cnámh;
Go dtógtar baile seo ár sinsear,
Cill Chais bhreá arís go hard,
Is go deo nó go dtiocfaidh an díle
Ná feictear í arís ar lár.

GLUAIS

aclaí	athletic
aigeanta	spirited
ainbhiosán	boor
airdeall	attention
aislingeacht	day-dreaming
ársa	ancient
báire	hurling match
balcaisí oibre	working clothes
baoite	bait
bithiúnach bradach	scoundrel of a rogue
bleadracht	blathering
bodaigh bhradacha ghallda	foreign thieving louts
boicín	young bucko
boinéad	bonnet
bolgach	smallpox
borb	harsh
bréagriocht	disguise
(faoi bhréagriocht)	
brothallach	sultry
buailc	milking place
(ní raibh an dara	
suí sa bhuaile aige)	(he had no choice)
caithréimeach	victorious
cathú	regret
clabhsúr	end
clais	ditch
clampar	confused noise
coimeád	in hiding
(ar a gcoimeád)	

77

cóisteoir	coachman
coite	small boat
comhla thógála	trap-door
córach	comely
cosc	prohibition
crónán	hum
cúbtha	cooped
cúisín	cushion
cúlaistín	henchman
d'ainneoin	in spite of
dailtín	brat
daoscar(shlua)	mob
dearc	look
díog	ditch
doicheallach	inhospitable
dóighiúil	handsome
dris	briar
drochfhuadar	ill disposition
dúramán	knuckle-head
eachtrannach	foreigner
eadra	morning milking time
éirimiúil	intelligent
faill	opportunity
faobhar	sharpness
fealltóir	traitor
fiailí	weeds
fiata	fierce
forrán (a chur ar)	to address (someone)
fuadar	rushed activity
gabhal	fork (of tree)

gadhair ghaoithe na nGall	English ' bloodhounds'
garastún	garrison
garbhghnúiseach	rough looking
géarleantóir	persecutor
gíog ná míog	not a sound
giuirléid	implement
gligín	empty-headed person
grabhróg	crumb
iaróg	quarrel
íde béil	scolding
inlíocht	manoeuvre
iomrá	mention
iostas	lodging
lách	gentle
leathchúpla	one of twins
leathfhaiteach	half afraid
líbín báite	drenched
maidrín lathaí	guttersnipe
maolaigh	abate
mearbhall	confusion
millteanach	mighty
neacht	niece
piachánach	hoarse
piasún	pheasant
plásóg	lawn
raidhse	plenty
(de) sciuird	at a dash
scraiste	lazy-bones
sealgaire	hunter
seanchaí	storyteller
seanfhothrach	old ruin

searbhasach	sourly
spalpadh	beating down
spiaireacht	spying
sprais	shower
sról	satin
stiúgtha	famished
strácáil	struggle
suite (de)	convinced
suntasach	remarkable
taibhseach	flamboyant
téanam ort	let's go
teifeach	fugitive
toirchim (suain)	fast asleep
tormán	noise
tráidire	tray
tréan teann	strong
tur	stale
útamáil	messing